UN MOT

A M. LE DUC

DE FITZ-JAMES.

UN MOT

A M. LE DUC

DE FITZ-JAMES.

PAR UN ÉLECTEUR PLÉBÉIEN.

PARIS,

IMPRIMERIE ET FONDERIE DE FAIN,

RUE RACINE, N°. 4, PLACE DE L'ODÉON.

1831.

UN MOT

A M. LE DUC

DE FITZ-JAMES,

— ◆ —

> . . . . Et ne m'avez-vous pas,
> Ici, tantôt, vous-même ordonné son trépas.
> RACINE.

Oui, monsieur le duc, *il est des priviléges qu'on n'a pas, qu'on ne croit pas pouvoir atteindre;* mais *pour en avoir horreur* par cela même, ne pensez-vous pas qu'il faudrait n'avoir ni une parcelle d'âme intelligente, ni une émotion dans le cœur. Quoi ! peut-on rester insensible à l'éclat de la vertu qui constitue l'illustration? non : ce serait nier l'âme, ce privilége de l'humanité; elle meut le sang qui la révèle avec plus ou moins de force dans *chaque* individu, quel que soit son père ou son rang dans la société. Sous Louis XIV, sous Napoléon, sous la Convention, loin de trouver horrible la gloire que d'importans services impriment aux familles, *tout le monde* au contraire semble rendre avec exigence les fils responsables de cet héritage que leur confia l'histoire qui les immortalise.

Autres temps, autres mœurs; et l'électeur le moins *intelligent de la féodalité*, avec son gros bon sens, aura peut-être comme vous senti la noblesse de son sang à ces représentations des ouvrages de nos poëtes que *vous citez avec tant de bonheur.* Peut-être, monsieur

I.

le duc, le Français le plus obscur s'est-il ému au nom romain, autant que le patrice le plus éclatant. Le nom de patrie, de nos jours, inspire les sentimens qui commandent et obtiennent le plus d'hommages et le respect des faveurs jadis réservées aux pères conscrits. Nos plébéiens, aujourd'hui devenus patrices, de citoyens qu'ils étaient, n'admirent plus dans ces poëtes que la liberté qu'ils célèbrent ; sûrs qu'un noble cœur suffit pour bien enseigner, *ils ne s'étonnent plus d'en recevoir des leçons. La jeune gloire* de notre âge a su trouver un berceau dans ces sentimens romains, et se produire à l'exemple d'antiques noms dont nos *vieilles gloires* sesentaient elles-mêmes originaires. Avouez-le monsieur le duc, une secrète jalousie de notre ancienne noblesse a permis l'admiration de Scipion à nos citoyens, *électeurs ou non*, beaucoup plus facilement que l'analyse de son cœur vraiment romain. Voltaire a subi plus d'un reproche pour avoir placé le généreux, naïf et simple Rollin dans le temple du Goût. L'amour de la patrie, que ce prêtre sait si bien inspirer, lui valut des critiques amères, quand la noblesse vit sortir de l'Université ses membres entachés de cet amour roturier qui chassait dans leur âme, au profit de la liberté, *le vieil honneur* que nous appelons sottement peu-être *féodal.* Cet honneur qui lie à un homme n'est plus le nôtre : un honneur plus divin, *le respect des lois*, est gravé dans les cœurs. Les sentimens devenus identiques, *mourir pour son roi* est le droit, le devoir et la gloire *de tout Français* et non l'honneur privilégié *de quelques-uns, c'est mourir pour la patrie.*

Si votre seigneurie voulait croire à une sincère admiration pour son esprit élevé, pour son cœur de flamme, pour sa conviction respectable, pour la sympathie dont, *sans noblesse obligée*, j'ai cependant ressenti une vibration intérieure en la lisant, elle me permettrait de lui dire tout ce qu'elle m'a fait éprouver avec la candeur d'un Français qui croit devoir sa liberté aux hommes *nobles et libres* qui ont frémi d'avoir des esclaves plus ou moins enchaînés auprès d'eux , à partir des temps fabuleux, *féodaux si vous voulez bien le permettre* , jusqu'à l'égalité devant la loi. Vos pères et notre clergé, *sans nous avoir assemblé jusqu'au dernier avec eux,* l'ont à la fin trouvée pour tous dans ce que vous appelez les cahiers. L'empereur Napoléon en a porté les bienfaits jusqu'aux serfs de Prusse, dans ces temps de conquêtes auxquels vous rendez justice , *malgré ce que vous aviez à en souffrir.*

J'ai trouvé en vous toute l'école romaine de Corneille, *Maxime et Cinna tout à la fois;* mon esprit aurait eu peine à vous suivre, si mon cœur tout français ne l'eût aidé. Ma pensée s'ennoblissait à ces tableaux glorieux pour tous les âges, à ces reproches sophistiques que vous nous adressez , à nous plébéiens, parmi lesquels vous avez pris pour les *secouer* quelques célébrités *toutes d'or et de lucre* que vous désespérez de *savonner* même avec l'hérédité. Ces Gaulois dans vos mains ne laissaient pas de faire briller à mes yeux la liberté du Tribun et la noblesse du Patrice. Tout Corneille , toute ma vieille école était là ; je vous croyais tout classique ; sans Molière, je m'y trompais.

Élevé dans les régions les plus hautes des théories humaines, faut-il à l'instant où, *je vous le dis de bonne foi,* revivaient pour moi en vous seul tant d'orateurs et de guerriers romains , faut-il que, romantique malgré vous-même, tout à coup vous me faisiez passer de Corneille à Molière. A la place de tant de héros, je n'entends plus que *M. Josse.* Or, je vous le déclare, je ne veux pas *de votre orfèvrerie,* je m'y connais, elle n'a rien de la marque de ces libertés romaines que je veux pures et non *welches.* Comme Orgon, je vous ai cru long-temps, mais enfin *j'ai vu,* de mes propres yeux vu. Maintenant que, messieurs du vieil honneur, *vous avez la cassette,* je vous la laisse ; mais *ma présence en robe est ici nécessaire,* et vous me permettrez de vous expliquer comme *je comprends, ce que vous ne pouvez me faire comprendre, l'histoire de notre temps que vous peignez si faussement.* Écoutez-moi un instant : c'est moins *la cassette,* que mon honneur plébéien blessé, qui me suggère le tableau que je vais vous soumettre, peint ou barbouillé à ma manière ; il est d'école romaine, je vous en préviens : *grecque,* je sais que vous auriez moins d'indulgence.

Avant 1789, enfant, je sentis dans mon être, en présence de certains individus, quelque chose que je ne saurais vous définir, mais de fort *semblable,* sinon *égal,* à ce que me fit voir dans le sien un soldat russe, un jour de deuil où l'ennemi était vainqueur à Paris. La mémoire de cette sensation me revint alors subitement. Officier de la garde nationale, on amenait ce Russe à mon poste, accusé de je ne sais quel délit. Il me voit, ou plutôt il voit mes épaulettes, tombe à mes genoux, baise mes pieds et mon habit : j'eus l'idée de ce qui avait pu exister dans mon enfance, mais qui n'existait plus dans un cœur français ; *les vainqueurs seuls* pouvaient en offrir le modèle *aux vaincus.* Je me disais alors :

Oui ! c'est à nos nobles pères, à ces hommes libres que nous devons notre émancipation. Maîtres des rois qu'ils avaient servis, ils les élisaient d'abord. Ces rois les asservirent eux-mêmes pour assurer l'indépendance de la patrie. Les arts, les lettres, les sciences trouvèrent enfin leur empire affermi au milieu des cours et des courtisans qui se plaisaient aux leçons d'humanité qu'ils en recevaient. Enfin ce jour était arrivé, où le vieil honneur despote du cœur d'un roi, trop uni à sa noblesse et à son clergé, devait ébranler sa raison éblouie par les événemens : la fédération de 90 avait eu lieu. *Le roi des Français égaux devant la loi, sujet lui-même de cette loi*, régnait sur un peuple libre. Faut-il que la liberté, enfant de la noblesse, soit étouffée par sa mère imprudente ! Tout à coup, plus jaloux de leurs anciennes prétentions de suprématie que de montrer l'exemple de l'obéissance aux lois, maîtresses de tous, des hommes qui sont venus les donner et partager la liberté *nient leurs propres bienfaits* à leurs obligés, au roi le pouvoir de les sanctionner. Ils déclarent que le roi a proclamé leurs actes, esclave de ses sujets, et ceux qui avaient *favorisé l'indépendance américaine* vont chercher les nations étrangères pour étouffer la liberté dans leur pays. Hommes libres dans leur patrie, les nobles étaient sous le monarque, élu jadis, *engagés d'honneur*, et la bonne foi les attachait à leur souverain auquel ils soumettaient eux et leurs serviteurs. *C'est cet honneur tant vanté comme base des états monarchiques par Montesquieu, qui va servir de prétexte aux trahisons les plus subtiles.* On va proscrire les lois qu'on a reconnues tout d'abord, et, quand l'homme rendu à sa propre dignité n'a plus de maître que la loi, ceux qui seuls autrefois jouissaient de cette loi de liberté, et l'ont partagée avec leurs frères, vont la renverser; sous mille prétextes, ils plongeront le poignard étranger dans le sein de la patrie.

Deux espèces politiques de Français vont exister, les vieux et les jeunes; mais elles vont se déclarer la guerre. Guerre impie ! à l'instant où elle éclate, le vieil honneur va servir de bannière aux uns, l'amour de la patrie sera le drapeau des autres. Les uns sont sur le sol étranger, laissant aux autres le sol natal, qui contient leur fortune et leur roi.

Deux peuples auquel même origine donne même courage, dont l'un a toute la ruse d'Ulysse et l'expérience de Nestor, l'autre la colère d'Ajax et l'impétuosité d'Achille; celui-ci avec l'inconsidération propre à tous les excès, l'autre avec la profondeur qui inocule tous les vices, n'ont plus d'autres rapports que ceux de la vieillesse corrompue et de la jeunesse passionnée. Si l'étranger attaque la France, ceux qui l'habitent ne laisseront plus que la tombe pour asile à ceux qui l'ont abandonnée, et l'échafaud est le chemin qui les y conduira. Fanatiques d'un honneur qui n'est plus compris, c'est au nom de cet honneur que le sol français est ouvert aux ennemis. Ils doivent y restaurer ceux qui sont en litige avec leurs concitoyens. L'ennemi le partage d'avance, ce sol. Il rit et se joue de ce faux honneur que sa froideur dans la contestation lui fait apprécier. Il n'attaque qu'avec crainte, et le nom de la patrie, plus puissant que les haines qui déchirent ses enfans, soumet le plus grand nombre à ses lois; le parti de l'étranger, malgré des milliers de *Sinon* auxiliaires, reste vingt-cinq ans repoussé, et déjà le règne de la loi, égale pour tous, a produit, avec ces exemples de crimes ordinaires dans les contestations des hommes, des exemples de vertus, de travaux, de science, d'arts plus nombreux qu'à aucune autre époque ; et des Codes naissent *déshéritant Rome de dix-huit-cents ans de gloire législative*, unissant trente millions d'hommes désormais le modèle des nations civilisées : la première et la seule masse formidable d'hommes égaux en Europe depuis l'origine du monde. A travers mille événemens agglomérés la vieille race voile son faux honneur d'un serment à la patrie, rentre dans son sein, et, profitant d'un instant de calme, travaille de toute la puissance de ses ruses sa jeune postérité que les illusions de la reconnaissance reportent vers ceux auxquels elle reconnaît devoir sa liberté; des doctrines décevantes s'établissent : le vieil honneur s'affuble du costume de la liberté : *le respect pour les lois est traité d'obéissance passive*, et le Français généreux au jour du malheur, l'héritage glorieux et libre de Rome à la main, s'offre avec ses Codes, ses nouvelles lois civiles à la puissance d'un monarque parjure à son frère, courbant son front à l'étranger qui le couronne et le nomme gardien politique d'une charte et d'un trône, octroyés à ces fins. Ce pacte odieux cimenté, tout est détruit, tout est anéanti pour la patrie. En vain les vives lumières de notre assemblée constituante nous ont éclairés, en vain ces mots de Mirabeau ont retenti : « *J'aimerais mieux vivre à Constantinople, que sous les chartes anglaises*, tout va devenir anglais ; admirateur *d'un peuple rival*, après vingt ans de combat, le Français sera victime *de la politique de ses ministres*. On se prête au déshonneur ; avec un luxe de morale sur les lèvres, *l'honneur féodal du pouvoir* livre les patriotes. La vérité se cache à tous les yeux ; la France n'a plus ni la nature ancienne qu'animait l'antique honneur, ni l'amour pur et récent de la patrie, âme de la nouvelle nature régénérée. *L'amour ment en montrant ce qu'il prétend chérir ; la haine en impose en indiquant l'objet auquel elle s'attache ;* tout est confondu. Au siècle de Louis XIV, *de Périclès, devant les alliés* a succédé le siècle des sophistes. La gloire elle-même est méconnue, les doctrines sont remplacées par les commentaires faux et insidieux. Les Codes sont faits, on les attaque, et la liberté semble suspendue jusqu'à ce qu'on s'accorde sur la *forme* et *les droits* du pouvoir politique. La presse sans expérience, ou payée par l'étranger, obstrue les esprits, loin de les éclairer, et *la censure est le passe-port qu'elle présente à la crédulité.* Des congrès, des rois, organisent la phantasmagorie de la diplomatie, tiennent leurs mystérieux conclaves et préparent, plus perfides que les rois de l'Église, *le boisseau pour éteindre la lumière.* Le fatras des chancelleries fausse tout, depuis le droit jusqu'à la religion, depuis l'amour de la patrie jusqu'à celui de la Charte octroyée elle-même. La liberté viciée dans sa source, le *pouvoir paternel,* est déguisée sous un masque, sous des haillons qui cachent son attrait éternel, *l'indépendance*. Chacun la définit à l'usage de son parti. Le génie du mal, s'il disparaît un moment, n'est que voilé ; tout semble discorde au milieu de nous. Enfin, alors que la fourbe semble fuir, alors que Charles X, le type de ce vieux honneur suranné, prétexte de tant de maux, a quitté la patrie, alors que les armes des frères se sont un instant montrées sans se croiser, alors que vieux et jeunes systèmes semblent *réunis sous la même loi*, la vieillesse, vénérable *par de plus longs souvenirs de liberté*, ne verra-t-elle donc plus enfin sans jalousie *la loi régner égale sur elle comme sur tous* ; n'enseignera-t-elle donc pas la vérité *tant voilée par elle*, et, guidant les jeunes gens de son expérience, la fera-t-elle enfin servir *de bonne foi, sans ruse, au bonheur commun ?* Ah ! monsieur le duc, vous qui savez si bien apprécier le beau, le bon, l'utile, ne consentirez-vous donc pas enfin à nous élever jusqu'à vous sans *noblesse obligée*, mais au niveau de la loi politique, de cette loi qui, également respectée par la vieille et la nouvelle nation, replacera les Français au faîte de cette civilisation où, les Codes nés a l'abri des armes nous ont porté les premiers. Laissez-nous respecter vos aïeux comme vous-mêmes ; mais respectez comme nous ces titres qui, bien que la note des obligations *de votre famille* envers la patrie, *nous obligent comme elle* à l'imitation de sa vertu, sans nous laisser craindre un empire politique pour prix de son éclat. Laissez vivre en harmonie avec nous ces institutions du temps, et ramenez le cœur, l'esprit et les yeux de la jeunesse sur les expériences et les prodiges de notre âge, pour qu'elle étudie *et les fautes et les modèles laissés à la méditation des siècles*. En le citant à propos, le peu que vous avez emprunté au guerrier législateur dont notre roi ne craint pas la gloire, me permet de penser que vous avez compris aussi-bien que le héros *la nécessité d'hériter par titre de tout ce que laissent nos aïeux, sans*

que la liberté jalouse consente à regarder comme un héri-
tage tout droit d'action civile ou politique sur la société.
Sans doute, monsieur le duc, vous l'eussiez replacé sur
sa colonne, ce grand homme. Ce n'est pas, hissé par
vous, que la conscience de la trahison eût été forcée de
le laisser à terre : vous servez trop franchement ce que
vous admirez, et tenez trop à la liberté, l'alliée de la
gloire, qui ne doit que mieux refleurir et s'accroître
par les orages élevés, suscités sur cette noble alliance.
Ne l'avez-vous pas prouvé par votre serment de conviction à notre royauté sous le drapeau du peuple?

Monsieur le duc, ce *dissentiment* des convictions
de votre cœur nourri de l'honneur antique de vos aïeux
et de votre raison, qui semble voir avec peine que
l'hérédité ne peut subsister dans l'état de l'opinion de
la nation française, n'est-elle pas une de ces calamités
que nous ne devons qu'à l'état de vaincus où nous a ré-
duits la défaite? En effet, si les hommes tout politiques
ont une mission comme ceux qui font le gain de l'état
par leur travaux, n'est-ce pas celle de faire l'opinion
publique? Quelle est donc cette perturbation fatale qui
a changé depuis 89 des principes d'ordre et de liberté,
et leur conséquence? Est-elle autre que la présence des
rois vainqueurs qui, ne les reconnaissant pas, a pu
seule les mettre en question de droit et de fait? En
effet, on a vu le peuple fier de revoir à la tête de l'état
ceux qui avait porté les armes contre lui, et le cœur
haussé d'avoir encore ses Crillon, ses Montmorency, les
descendans de sa noblesse. Il les voyait, il est vrai, avec une
orgueilleuse pitié, *appauvris par leurs malheurs et leurs*
fautes; mais qu'il était glorieux de retrouver la preuve de
vigueur de leur bras dans les bulletins de sa gloire; de
leur amour des libertés dans les Codes, les lois, les
règlemens, les arrêts de la justice auxquels ils coopé-
raient, que lui seul avait consciencieusement gardé.

C'est alors qu'on pouvait s'écrier : « Triomphe,

» heureuse France , ton bonheur durera, malgré l'en-
» vie du reste de la terre ; la réunion de tes enfans
» est le gage du repos de l'univers ! Si , par une cause
» fatale, la discorde renversait tes lois , ton empire et
» tes Codes nouveaux , tremble ! la corruption et l'é-
» tranger ennemi sont dans ton sein. Tes vertus mé-
» connues te sauveront-elles encore ? Sans la foi dans
» ses autels, la liberté ne peut enfanter de miracles !
» Français, soyez alors plus unis que jamais ! De votre
» union dépend le bonheur du monde.

Que n'assistiez-vous à un des repas offerts à la grande-armée : vous eussiez vu comme moi ces *officiers plé-béiens* bronzés par la gloire, la figure, comme celle de leur chef, décorée du calme profond de leur con-science. Au milieu d'eux s'offre un militaire , im-berbe encore. Un des vétérans court au-devant de lui ; sur la poitrine du jeune homme brillait le signe de l'hon-neur. Les vieux plébéiens *grognent* entre eux ces mots dans leurs vieilles moustaches : « Il l'a donc reçue en » nourrice, » en se montrant réciproquement leurs croix. Bientôt leur camarade termine sa rencontre avec l'inconnu par une vive embrassade ; il revient à eux, on le reçoit en goguenardant l'enfant. « Que prétendez-vous » donc ? leur dit le vétéran ; celui que je viens d'em-» brasser a fait telle action d'éclat que vous connaissez, » à Friedland : c'est lui, *c'est ce jeune rejeton d'une il-* » *lustre famille.* Si la croix est le prix de son action d'é-» clat, son cœur était le gage de son amour de la patrie, » de son véritable honneur. » Ah ! monsieur le duc, si vous les aviez entendues, ces bouches que le langage flat-teur ne souilla jamais ; si vous les aviez vus ces fronts que ni les vents, ni les orages, ni la mort n'avaient su courber, se découvrant, heureux de saluer un jeune brave ravivant un beau nom ; vous les eussiez bien com-pris ces hommages sincères, ces feux partis de cœurs plé-béiens que leurs yeux lançaient comme encens de leur admiration à leur noble camarade. Vous l'eussiez avoué, monsieur le duc, si les vertus, les actions de vos nobles familles sont des titres à elles ; leur noblesse est à la patrie, qui ne sait compter les vertus, le mérite, *le sang qu'elle vous demande, que par la gloire héréditaire qu'il fait jaillir sur elle.* Vous saviez l'anoblir cette patrie, lors même que vos ancêtres, ne sachant signer, gouvernaient leurs vassaux avec ignorance ; leurs fils ne l'ont-ils pas illlustrée davantage par leur esprit cultivé, par cette philosophie qui nous élève jusqu'à eux. Un seul droit politique héréditaire est resté reconnu, celui du roi, l'âme de nos institutions, dont la durée s'égale à elle par l'hérédité. Pensez-y donc, monsieur le duc, et comblez notre espoir, en reconnaissant le bon sens de notre opinion sur vos droits ; restez pair, à coup sûr votre fils méritera votre place un jour. Cependant, si vous êtes dans nos communes, nous n'en serons pas moins égaux et fiers de votre illustration noble, que rien ne peut nous ôter, Français comme vous. Quel bonheur si votre voix, aujourd'hui si supérieure, dicte à la tribune de votre choix des préceptes d'oubli, de concorde, et nous prescrit des remèdes que nous serons empressés de suivre pour garantir la Charte de l'état, assurer par la fixité de la loi politique toutes les libertés civiles, soutenir la royauté de notre choix, et surtout pour fermer nos dernières cicatrices morales, les seules que nous sommes honteux de porter, ces traces des fers que la discorde a pu seule river avec le secours de l'étranger. Remettons Corneille à la mode, entendons la voix de César, elle crie à *Maxime*, à *Cinna*, à tous les cœurs français : *Soyez amis*, le roi vous en supplie. Écoutons ce langage auguste, qu'il arrive dans nos cœurs devenus sanctuaires de la gloire, de l'honneur, de l'illustration de la France, où régnera despostiquement désormais le même amour de la patrie.

Mais, fidèles à l'humanité dans nos imperfections,

comme à son histoirien Molière, *Soyons un peu moins Orgon, moins Tartuffe*, mais toujours *un peu orfèvres*; ainsi, permettez-moi de me dire avec égalité,

Monsieur le Duc,

Votre respectueux concitoyen,

UN ÉLECTEUR PLÉBÉIEN.